I0879060

Détroit

L'AUTRE GUIDE

ÉCRIT PAR MARGOT GUICHETEAU

ÉDITIONS JONGLEZ

Guides de voyage

CREDIT
SIMMONS
AND
CLARK
JEWELERS
BULOVA WATCHES
BULOVA
Detroit
BEER Co
SCHOOL
IRONS
AND

« IL Y A UNE RÉSILIENCE
QUI S'ÉLÈVE DE QUELQUE PART
AU PLUS PROFOND DE TES RUES. »

EMINEM - ***LETTER TO DETROIT***

Passionnée par Détroit, la ville d'origine de sa famille maternelle polonaise, la journaliste parisienne Margot Guicheteau a quitté Paris pour s'installer au cœur de la Motor City. Elle y a construit une maison au design audacieux dans un quartier en plein essor, Core City. Présidente de l'association locale, elle collabore activement avec la ville pour contribuer à sa revitalisation. Toujours en quête de nouveaux horizons, elle parcourt sans relâche Détroit à la découverte de ses lieux les plus insolites.

Aux premiers abords, Détroit est complexe. Les cicatrices d'une ville marquée par une crise économique sans nom restent visibles, tout comme les traces de son riche passé. Ce passé qui fit de Détroit l'une des villes les plus importantes des États-Unis. Aujourd'hui, elle est restée, quoi qu'il en soit, fidèle à elle-même : résiliente, sincère, élégante.
Cette cité est grande, les quartiers rénovés sont des enclaves, les interstices sont encore en transition.
Au début, on a du mal à s'orienter. Il faut alors pousser quelques portes pour mieux la comprendre, pour plonger au cœur de ses secrets, de son identité.
Soudain, la Motor City se dresse, fière de son héritage, prête à aller de l'avant sans jamais renier son authenticité. Ici, on ne se lasse jamais de parler de la ville, elle fait partie de l'âme des habitants qui l'ont sauvée, repensée, et rebaptisée. Elle est un terrain de jeu qui inspire au quotidien.

DANS CE GUIDE **VOUS NE TROUVEREZ PAS**

- Les sites d'urbex à photographier
- Les fermes urbaines à connaître
- La liste des artistes de renoms exposés au Detroit Institute of art

DANS CE GUIDE **VOUS TROUVEREZ**

- Des chocolats 100 % Détroit
- Un bar où s'initier au Feather Bowling
- Une église orthodoxe où manger un bœuf Stroganoff
- Un club caché dans les bas-fonds d'un ancien hôtel à moitié abandonné
- Les disciples d'Hare Krishna
- Un banya russe comme on n'en voit jamais

LES SYMBOLES DE **DÉTROIT**

de
0 à 20 $

100 %
Détroit

totalement
underground

lieu
historique

s'y rendre
en voiture

Les horaires d'ouverture variant fréquemment, consultez-les également sur le site Internet du lieu que vous prévoyez de visiter.

30 EXPÉRIENCES

01. Coffee shop le jour, club intimiste le soir
02. Un club vraiment underground
03. Chercher un trésor dans une immense librairie d'occasion
04. Un karaoké pas comme les autres
05. Le meilleur du jazz, du blues et de la Motown
06. Le plus grand temple franc-maçon du monde
07. Un café intellectuel et musical
08. Goûter les chocolats chez Bon Bon Bon
09. Un cours de dessin dans un club privé historique
10. À la découverte du quartier expérimental Core City
11. Soul Food sur un terrain vague
12. Se régaler avec un cheesecake brûlé façon basque
13. Manger comme au Salvador
14. Trois cinémas extraordinaires
15. Un terrain de jeu futuriste

16. Un musée qui rappelle la force des traditions africaines
17. Une session de yoga et un bouillon délicieux
18. Se faire fouetter avec des feuilles de chêne dans un sauna
19. S'initier à la magick dans un bar hors du commun
20. Les meilleures adresses de poisson
21. Des jardins étonnants sur d'anciennes friches
22. Goûter les *pies* de Lisa Ludwinski
23. Savourer la bière la plus hype
24. Découvrir les secrets de Belle Isle
25. Déjeuner, méditation et yoga dans un temple Hare Krishna
26. Saveurs surprenantes au bord de l'eau
27. Du Feather Bowling avec des Belges
28. Voyage dans l'Allemagne des années 1930
29. Les donuts les plus iconiques
30. Des moments fabuleux… en banlieue

PHOTOS © SPKRBOX / JEFF HAGE

#01

COFFEE SHOP LE JOUR, CLUB INTIMISTE LE SOIR

Dans le Downtown, à l'angle de Grand River Avenue et Griswold Street, se trouve un petit bâtiment tout en verre et panneaux orange, datant des années 1960. Le lieu, resté fidèle à son époque, a su conserver son ambiance psychédélique même si les murs en bois sombre, les petites tables octogonales et le bar en cuir orange ont été rénovés au fil du temps.

Long et étroit, cet endroit intime ne peut accueillir qu'un nombre restreint de personnes, mais vous y trouverez toujours un petit coin où vous poser.

SPKRBOX
200 GRAND RIVER AVE

(313) 496-1010

spkrbox.bar
Instagram : @spkrbox.detroit

Au bar, les cocktails (coup de cœur pour l'El Duderino) sont à base de café. Une fois votre boisson commandée, montez à l'étage pour écouter le DJ du moment. L'espace est tout aussi petit, mais l'expérience vaut vraiment le détour, notamment pour la vue sur le Downtown, tout en vous imprégnant des beats de la techno.

À 22 heures, direction le sous-sol. Pour 10 dollars, vous pourrez écouter le meilleur son de la ville, même en semaine.

Prenez les escaliers à côté du bar, descendez vers une autre salle à la lumière tamisée rouge. Les DJ les plus en vue y jouent souvent incognito.

#02

UN CLUB VRAIMENT **UNDERGROUND**

Pour une vraie expérience underground à Détroit, c'est au Leland City Club qu'il faut se rendre : on entre tout d'abord par la rue de Bagley puis on monte l'escalier principal en bois pour arriver dans l'ancienne entrée de la salle de bal de ce qui était à l'époque le Leland Hotel.

Malgré la peinture qui s'effrite, le lieu abrite les fantômes des fastes d'antan : les moulures et lustres d'une autre époque rappellent les heures de gloire du bâtiment.

On descend ensuite vers le club avec son atmosphère industrielle et gothique : murs en béton noirs et tagués, personnes maquillées portant des tenues trash...

Les *Goth nights* sont les soirées les plus réputées, mais gardez un œil sur la programmation pour des nuits de techno jusqu'à 4 heures du matin.

LELAND CITY CLUB
400 BAGLEY ST

(313) 962-2300

lelandcityclub.net
Instagram : @lelandcityclub

CLUB

© DAN CAKEN

© HELMUT ZIEWERS

© DAN CAKEN

#03

CHERCHER UN TRÉSOR DANS UNE IMMENSE LIBRAIRIE D'OCCASION

« Avez-vous besoin d'aide ? », vous demanderont toujours les employés, talkie-walkie en main, tout en vous tendant une carte pour vous aider à mieux vous orienter.

Personne ne sait vraiment comment appréhender ce lieu.

Dans cette ancienne usine de fabrication de gants, cinq étages sont remplis de livres d'occasion, tous collectés par le propriétaire, M. John K. King.

Il est donc conseillé d'avoir au moins une idée de la catégorie de livres que vous cherchez, tant l'endroit regorge de trésors en tous genres.

Le propriétaire lui-même a d'ailleurs trouvé quelques pépites au fil des années : une photo originale de Mark Twain glissée dans la couverture d'un de ses livres, et un pamphlet des années 1950 signé par John F. Kennedy...

JOHN K. KING USED & RARE BOOKS
901 W LAFAYETTE BLVD

(313) 961-0622

johnkingbooksdetroit.com
Instagram : @johnkingbooksdetroit

#04

UN KARAOKÉ
PAS COMME LES AUTRES

Paul Devitt incarne l'esprit new-yorkais : un accent marqué, une démarche décontractée, de l'humour et, surtout, une créativité débordante. Ce qu'il adore par-dessus tout, ce sont les bars conceptuels. À New York, il s'est fait connaître avec le Beauty Bar, un lieu original où l'on peut commander un cocktail tout en se faisant faire les ongles. Mais une fois que l'idée a été reprise par d'autres, Paul a voulu se réinventer. Il décide alors d'ouvrir un piano-bar karaoké à New York, Nashville et Détroit.

Dans une petite ruelle du centre-ville de la Motor City, le succès a été immédiat. Le bar est fréquenté presque tous les soirs, du mercredi au samedi. Pour trouver l'entrée, il suffit de suivre l'enseigne Sid Golds, simple et élégante, en néon. Une fois le seuil de la porte franchi, une tout autre atmosphère vous accueille : un décor mêlant le style Mid-Century et des touches vintage, avec, en fond sonore, les classiques d'une session karaoké.

SID GOLD'S REQUEST ROOM
1511 BROADWAY ST

(313) 631-3526

sidgolds.com
Instagram : @sidgolds

© SID GOLD'S REQUEST ROOM

Si Paul est de passage à Détroit, il adore prendre le micro pour enflammer la foule dans la salle du fond, au plafond décoré de nuages et de motifs de galaxies tourbillonnantes peints par l'artiste new-yorkais Steven Hammel. Son titre préféré ? Suspicious Minds d'Elvis Presley.

Les clients peuvent choisir leurs chansons favorites en scannant un QR code qui les redirige vers une liste soigneusement établie par les artistes, trois pianistes qui changent chaque mois.

Et si vous avez de la chance, vous pouvez parfois voir David Ruffin Jr., le fils de David Ruffin, l'un des chanteurs des Temptations.

#05

LE MEILLEUR **DU JAZZ, DU BLUES ET DE LA MOTOWN**

Lorsque Barry Gordy lança en 1959 son label Motown, personne ne pouvait imaginer l'influence que cela allait avoir dans le monde de la musique.

Quelques bars iconiques de Détroit maintiennent ce magnifique héritage.

> **Raven Lounge :** au cœur de Poletown, un quartier autrefois polonais et aujourd'hui assez déserté, se trouve l'un des rares bars encore en activité : le Raven Lounge. Ici, les habitués du quartier se mêlent aux plus jeunes dans une ambiance grunge et décontractée.

> **Baker's :** on vient ici pour l'authenticité, mais aussi pour s'imaginer à l'époque où Nat King Cole venait s'installer au piano ou quand Ella Fitzgerald, de passage, s'est arrêtée pour chanter avec Tommy Flanagan.

RAVEN LOUNGE
5145 CHENE ST

(313) 924-7133 | Facebook : The Raven Lounge

BAKER'S KEYBOARD LOUNGE
20510 LIVERNOIS

(313) 345-6300

bakerskeyboardloungedet.com
Instagram : @bakerskeyboardlounge

CLIFF BELL'S
© JUAN N ONLY

CLIFF BELL'S
2030 PARK AVE

(313) 961-2543

cliffbells.com
Instagram : @cliffbells

CLIFF BELL'S

© TOM HAGERTY

> **Cliff Bell's :** pour une soirée élégante, direction Cliff Bell's. Ce club chic attire les professionnels qui viennent pour enchaîner des sessions de *jam* toute la soirée. Le décor raffiné en bronze et acajou arbore une fresque murale qui couvre toute la pièce, représentant des chats espiègles pêchant dans un jardin aquatique. L'œuvre a été inspirée par l'ancien portier du bar, Roosevelt Callen, surnommé Rosie, qui avait sauvé de nombreux chats dans le bâtiment voisin.

> **Bert's :** en plein cœur de l'Eastern Market, Bert's est l'endroit où la foule danse au son du Motown, du jazz, du blues et même de l'improvisation, surtout le weekend, pendant les jours de marché. On y profite aussi du barbecue installé en terrasse. Un lieu incontournable pour tous ceux qui viennent avec l'envie de faire la fête.

BERT'S MARKET PLACE
2727 RUSSELL ST

(313) 567-2030 | bertsentertainmentcomplex.squarespace.com

PARKING
BOX OFFICE
NEXT ENTRANCE

#06

LE PLUS GRAND TEMPLE **FRANC-MAÇON DU MONDE**

Sauvé de la ruine en 2022 par le musicien Jack White qui a payé les 142 000 dollars de dettes, le Masonic Temple de Detroit est le plus grand temple de la franc-maçonnerie au monde.

C'est aussi un bijou d'architecture qui accueille concerts et tournages et est ouvert au public une fois par mois (voir les dates sur le site Internet) lors d'une visite guidée de deux heures.

MASONIC TEMPLE
500 TEMPLE ST

(313) 832-7100

themasonic.com
Instagram : @masonicdet

Le magnifique bâtiment de 14 étages abrite entre autres 26 loges, une chapelle, deux théâtres, deux salles de bal et une célèbre piscine abandonnée, jamais terminée à cause de la Grande Dépression.

À la place, le bassin de nage a été utilisé comme fosse d'entraînement occasionnelle pour les lions et les tigres du Shrine Circus.

Plus récemment, Eminem y a filmé son clip vidéo *Guts Over Fear*.

© ADOBE STOCK - BELIKOVA OKSANA

© 2008. STAN WILSON, JR.

#07

UN CAFÉ INTELLECTUEL ET MUSICAL

Parmi tous les coffee shops de Détroit, Trinosophes est sans aucun doute celui qui se distingue le plus par son atmosphère alternative et intellectuelle.

Pour ses propriétaires, Joel Peterson (compositeur) et Rebecca Mazzei (éditrice, poétesse et commissaire d'expositions artistiques), cet endroit est bien plus qu'un simple café : c'est une véritable plateforme pour les musiciens indépendants, un incubateur d'idées, de discussions et d'expositions.

Chaque semaine, des concerts ont lieu dans la salle adjacente : Joel et Rebecca privilégient la qualité musicale avant tout, sans se soucier des genres.

TRINOSOPHES
1464 GRATIOT AVE

(313) 778-9258

trinosophes.com
Instagram : @trinosophes et @cafe.trinosophes

© TRINOSOPHES (INSTAGRAM)

© TRINOSOPHES (INSTAGRAM)

Pour ceux qui souhaitent simplement profiter du café, Trinosophes propose une carte de sandwiches, quiches, salades, soupes et desserts faits maison par une équipe composée exclusivement d'artistes.

Tout ici est végane et sans gluten. Ne manquez pas leur chai, parfaitement épicé et voluptueux.

Le lieu propose aussi une petite bibliothèque léguée par l'un de leurs amis, un historien radical.

© DAN DIRITO PHOTOGRAPHY

© TRINOSOPHES (INSTAGRAM)

BON
POP
CAN-O-CHOCOLATE COVERED
WHITE CHOCOLATE

1
PICK YOUR BONS
BON BON
PICKUP & PAY

#08

GOÛTER LES CHOCOLATS CHEZ *BON BON BON*

À Midtown, passage obligé chez Bon Bon Bon, les chocolats 100 % *made in Detroit*. Alexandra Clark, la fondatrice, est une *success story* à elle seule.

Dans un décor rose éclatant, les vendeurs – majoritairement des femmes – vous accueillent avec leur plus grand sourire, vêtus d'une combinaison bleue avec leur prénom cousu en rose. Leurs tenues rendent hommage aux origines de la Motor City, ville de l'industrie automobile, où la culture des cols bleus est devenue une véritable fierté.

BON BON BON
441 W CANFIELD ST SUITE 12

(313) 316-1430

bonbonbon.com
Instagram : @bonbonbonchocolate

Si l'ambiance peut évoquer l'univers fantasque de Willy Wonka, Alexandra tient néanmoins à montrer l'envers du décor : la clé de son succès repose sur l'honnêteté, le travail, et la valorisation des savoir-faire artisanaux.

L'achat devient ici une véritable expérience sensorielle. Le choix est vaste, les saveurs intrigantes : fraise et vinaigre balsamique, thé Earl Grey, crème brûlée, infusion au chili et paprika, café et donuts… Chaque friandise est ensuite minutieusement placée dans un petit étui en carton à double cannelure, un matériau inspiré de l'industrie automobile. Ce packaging unique, imaginé par Alexandra, est devenu l'une des signatures de la marque.

Vous y découvrirez également les trois « bon bon bon » du moment : un pour la saison, un pour le mois, et un pour le signe astrologique en cours.

Ajoutez à cela les cinq collections annuelles, et vous aurez un aperçu complet de l'univers gustatif singulier d'Alexandra Clark.

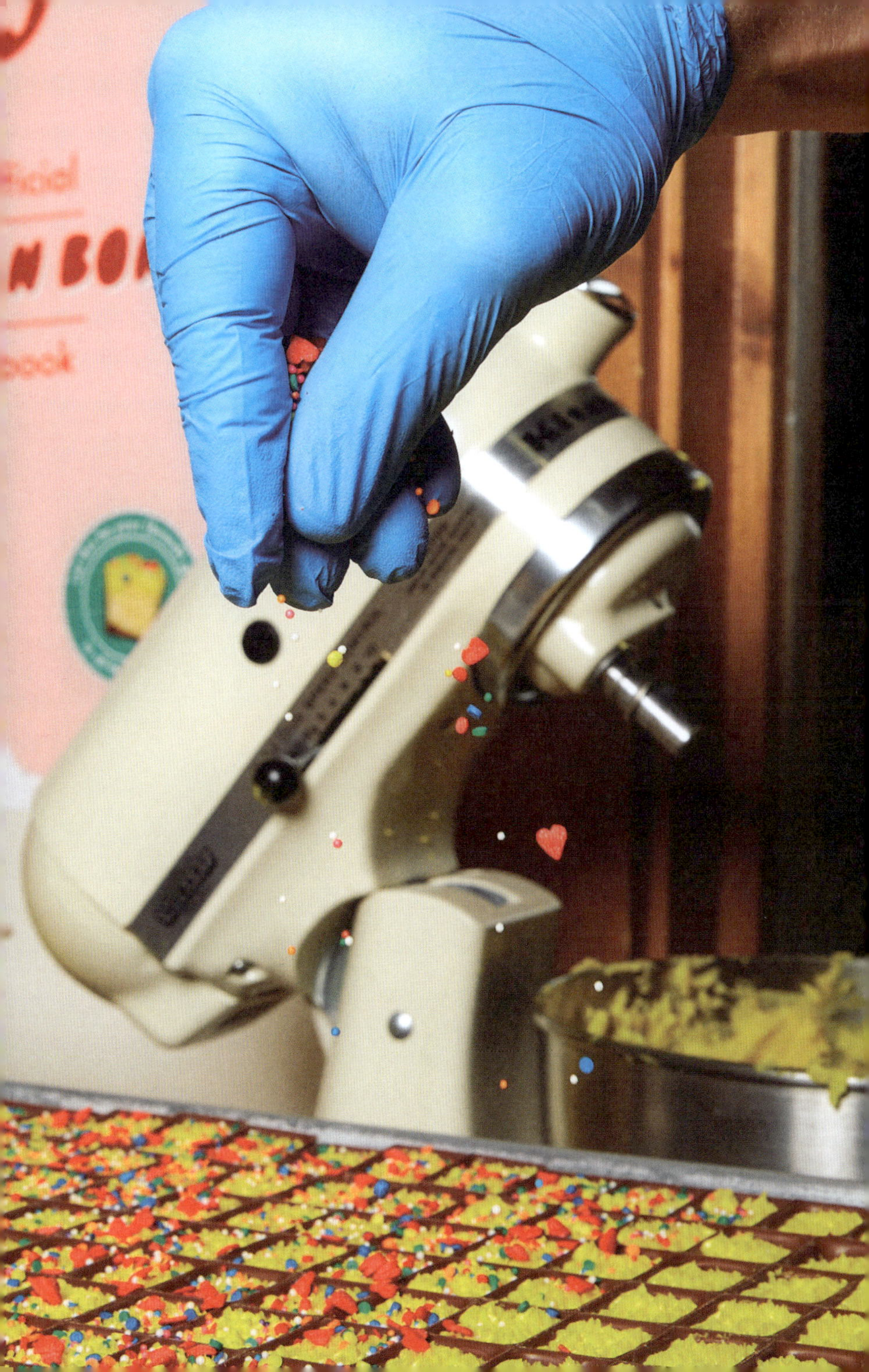

#09

UN COURS DE DESSIN DANS UN CLUB PRIVÉ HISTORIQUE

Si de nombreux clubs sont encore en activité à Détroit, ils sont généralement très élitistes et nécessitent d'être membre.

Fondé en 1907 par un groupe d'artistes et de mécènes, le Scarab Club est, lui, ouvert au public à l'occasion de certains événements qui vous permettront de découvrir ce lieu intimiste. Pour 15 dollars, on peut ainsi prendre des cours de dessin avec un modèle vivant.

Une fois le cours terminé, profitez-en pour visiter le lieu, avec son décor aux influences médiévales, tout en bois foncé, et ses très belles fresques et peintures.

La grande fierté du club est la fameuse poutre au deuxième étage, où de nombreux artistes ont inscrit leur nom : Diego Rivera, Marcel Duchamp, Margaret Bourke-White, Isamu Noguchi...

SCARAB CLUB
217 FARNSWORTH ST

(313) 306-9191

scarabclub.org
Instagram : @scarabclubdetroit

#10

À LA DÉCOUVERTE DU QUARTIER EXPÉRIMENTAL **CORE CITY**

Core City est sans aucun doute le quartier le plus expérimental de la ville, et le QG des architectes et designers. L'investisseur Philip Kafka, qui a fait fortune à New York dans le monde de la publicité, s'est lancé il y a une dizaine d'années dans une tout autre aventure : revitaliser un quartier proche du centre-ville, mais presque désert.

Sa vision est simple : chaque lieu qu'il crée est une expérience en soi, entourée de nature. Son premier projet, des huttes métalliques, apporte une vision futuriste. Plus loin, un long bâtiment également en métal, divisé en huit appartements, étonne encore davantage. Les plafonds y sont presque aussi hauts que dans une cathédrale, et le lieu est protégé par une petite forêt dense.

Aujourd'hui, dans ce quartier en pleine effervescence, des New-Yorkais, des Canadiens et des Français ont même décidé de construire leurs propres maisons.

Pour commencer la balade, rendez-vous à Core City Park, où vous pourrez prendre un café chez **Cafe Prince**, manger un bagel chez **Bev's Bagels** et goûter, le week-end, le meilleur pain de la ville dans la boulangerie voisine, **The Mother Loaf**.

CAFE PRINCE
4884 GRAND RIVER AVE, UNIT 1A

thecafeprince.com
Instagram : @cafeprince.corecity

BEV'S BAGELS
4884 GRAND RIVER AVE

bevsbagels.com
Instagram : @bevsbagels

THE MOTHER LOAF BREAD
4884 GRAND RIVER BLVD

(313) 512-8292

Instagram : @themotherloaf

Sur la 18e rue, un jardin communautaire et des structures en bois abritent le Huckleberry Explorers Club Museum. Un couple d'intellectuels a choisi d'y vivre une vie alternative : Shuffy est bouddhiste et son compagnon, Morgan, est franciscain. Après avoir longtemps vécu à Brooklyn, ils ont décidé de créer leur propre univers de fantaisie. Dans leur maison se trouve un *general store* d'occasion où Shuffy vend tout ce qui lui passe par la tête et s'amuse à écrire un petit message pour chaque objet.

Dans l'autre pièce, les murs sont recouverts de carton, où se cachent de petits messages et objets. Munissez-vous des loupes mises à disposition pour les regarder de plus près et vous laisser inspirer par la poésie de cette pièce.

HUCKLEBERRY EXPLORERS CLUB MUSEUM
2660 BUCHANAN ST

huckleberryclub.com

Pour dîner, vous aurez le choix entre plusieurs adresses :
- **Barda**, un restaurant aux influences argentines ;
- **Puma**, son annexe, qui propose de délicieux sandwiches à des prix plus raisonnables, comme le choripán (saucisse épicée d'Argentine) ;
- **Lady of the House**, pour une expérience *farm to table* ;
- **Vesper**, un bar à vin installé dans une ancienne banque, où vous pourrez apprécier la lecture d'un bon livre de cuisine – tous disponibles à la vente.

Terminez la nuit dans l'un des Airbnb du quartier, et vous aurez passé une journée exceptionnelle !

ARDA

BARDA

© BARDA

BARDA
4842 GRAND RIVER AVE

(313) 952-5182

bardadetroit.com
Instagram : @barda_detroit

© BOOTH ONE CREATIVE - MARK KURLYANDCHIK

PUMA
4725 16TH ST

(313) 819-6804

pumadetroit.com
Instagram : @puma_detroit

© LADY OF THE HOUSE

LADY OF THE HOUSE
4884 GRAND RIVER AVE UNIT 1C

(313) 230-4678
ladyofthehousedetroit.com
Instagram : @ladyofthehousedetroit

VESPER BOOKS & WINE
5001 GRAND RIVER AVE

(313) 716-1708
vesperbooksandwine.com
Instagram : @vesperbooksandwine

#11

SOUL FOOD SUR UN TERRAIN VAGUE

Depuis une dizaine d'années, tous les jeudis de mai à octobre, sur un terrain en friche du quartier de North Corktown, la cheffe Meiko Krishok et son équipe du pop-up Pink Flamingo proposent un menu aux saveurs explosives, souvent asiatiques et influencées par la *Soul Food* avec des produits issus des fermes environnantes.

En famille, entre amis, avec des voisins, l'endroit est idéal pour se relaxer à une table de pique-nique ou allongé sur les grands pneus roses du jardin.

Au menu, vous trouverez toujours un plat végétarien, un plat à base de viande, trois sauces iconiques (ketchup à la banane, miso chipotle, sauce aux herbes), une limonade à l'hibiscus et les fameuses boulettes de riz, inspirées par la recette de sa grand-mère. Une expérience unique !

PINK FLAMINGO
CORKTOWN POP-UP
2746 VERMONT ST

Tous les jeudis de mai à octobre

(313) - 826-1454

pinkflamingodetroit.com
Instagram : @pinkflamingodetroit

PHOTOS © BRITTANY CREESON

OPEN

GREEN SAUCE
BANANA KETCHUP

12527

PHOTOS © GERARD + BELEVENDER

#12

SE RÉGALER AVEC **UN CHEESECAKE BRÛLÉ FAÇON BASQUE**

Dans une ancienne caserne de pompiers datant de 1910, les habitants branchés de Détroit et les clients huppés de la banlieue adorent se rendre chez Ladder 4 pour une expérience raffinée et classique.

Si les plats sont toujours parfaitement équilibrés et étonnants par la manière dont certains sont revisités, le chef John Yelinek, également sommelier, sélectionne des bouteilles principalement d'Europe, rares à trouver aux États-Unis.

Si vous n'avez pas le temps pour un repas complet, ne manquez pas leur emblématique cheesecake brûlé façon basque, arrosé d'une réduction au vinaigre, et profitez-en pour l'accompagner d'un verre de vin.

LADDER 4 WINE BAR
3396 VINEWOOD ST

(313) 638-1601

ladder4winebar.com
Instagram : @ladder4winebar

BIG MOOD

#13

MANGER **COMME AU SALVADOR**

Dans le quartier hispanique de Détroit, Southwest, parmi la multitude de food trucks et de restaurants, c'est à la *pupusería* cachée sur l'avenue Livernois qu'il faut entrer.

Le lieu ne paie pas de mine, mais c'est aussi ce qui fait son charme : les serviettes accrochées aux murs, comme des tableaux, illustrent les traditions du Salvador et donnent le ton. Presque personne ne parle anglais et les clients sont presque tous hispaniques.

Pour trois dollars, commandez le plat national, une *pupusa*, ce pain plat du Salvador à base de semoule de maïs ou de farine de riz, semblable à l'*arepa* vénézuélienne et colombienne, fourré avec du fromage, de la viande, des légumes... Le plat est accompagné de chou fermenté et de sauces piquantes. Ne passez pas à côté des bananes plantain, parfaitement cuites, moelleuses et caramélisées, accompagnées d'une crème et d'une purée de haricots salée et épicée.

PUPUSERÍA Y RESTAURANTE SALVADOREÑO
3149 LIVERNOIS

(313) 899-4020

© MYTHY HUYNH

El Salvador
-PUPUSAS
DE QUESO,
ARROZ Y
CHICHARRON
-TAMALES
-CAFE

PHOTOS © HELMUT ZIEWERS

#14

TROIS CINÉMAS EXTRAORDINAIRES

Pour le plus grand bonheur des cinéphiles, Détroit abrite trois cinémas à l'architecture unique et à la programmation pointue.

> **Redford Theatre**

Avez-vous déjà vu un théâtre de 1928, décoré comme un temple japonais ? Bienvenue au Redford Theatre, un véritable monde fantastique ! Pour redécouvrir des classiques du cinéma en famille ou entre amis, gardez un œil sur la programmation.

Un film muet accompagné par un orgue historique

Au Redford Theatre et au Senate, les films muets sont accompagnés en direct par un magnifique orgue. Au Redford, l'orgue est un Barton, majestueusement installé sur scène. Un instrument d'une rareté exceptionnelle, pris en charge par la Motor City Theatre Organ Society.

REDFORD THEATRE
17360 LAHSER RD

(313) 537-2560

redfordtheatre.com
Instagram : @redfordtheatre

© HELMUT ZIEWERS

> The Senate

Géré par le même organisme que le Redford Theatre, The Senate, après avoir traversé des périodes difficiles, a su résister à l'épreuve du temps. Bien que son architecture soit plus sobre que celle de son cousin, quelques touches d'Art déco lui confèrent un charme unique. Sa programmation, plus pointue et alternative, séduit particulièrement les jeunes créatifs de la ville.

SENATE THEATER
2957, 6424 MICHIGAN AVE

(313) 894-0850

senatetheater.com
Instagram : @senatetheater

> The DFT

Au cœur du DIA (Detroit Institute of Arts), le grand musée d'art de Détroit, se trouve un magnifique théâtre, le DFT (Detroit Film Theatre). On y vient pour une programmation de qualité, qui change chaque semaine. Elliot Wilhelm, responsable de la programmation, parcourt le monde tout au long de l'année pour sélectionner les films qu'il souhaite projeter. Les passionnés aiment également venir pour le festival des courts-métrages, une tradition du DFT.

DETROIT FILM THEATRE
5200 JOHN R ST

(313) 833-4005

dia.org/events/detroit-film-theatre
Instagram DIA: @diadetroit

SENATE
Home of the Detroit Theater Organ Society
Home of the Detroit Theater Organ Society
D T O S
SILENT MOVIE
ORGAN POPS CONCERT
6424

15

UN TERRAIN DE JEU **FUTURISTE**

Sur Warren Avenue, à la frontière entre Détroit et Dearborn (réputée pour sa importante population d'origine moyen-orientale), se dresse une surprenante structure en métal à l'architecture futuriste et angulaire. Cette installation est étonnamment un terrain de jeu pour enfants dans le parc Warren Gateway. Le parcours en lui-même représente un véritable défi : plusieurs étapes doivent être franchies avant d'atteindre le sommet de la structure et de se laisser glisser sur le toboggan. L'objectif était de créer un projet multisensoriel et stimulant, incitant les enfants à se défouler en plein air.

Cette installation fait partie d'un projet bien plus vaste : le Joe Louis Greenway, une voie verte de 44 kilomètres dont la construction a débuté en 2009. Ce parcours circulaire entoure Détroit et traverse plusieurs quartiers, dont certains ont longtemps été négligés malgré leur densité de population. L'ambition est de redonner une nouvelle perspective à la ville, d'offrir un accès à la nature

WARREN GATEWAY
JOE LOUIS GREENWAY
8034 W WARREN AVE

© CHELSEA IRONS-LIGHT

et aux loisirs, tout en reconnectant, à pied, les différents quartiers à travers leur diversité culturelle et historique.

De la rivière à la périphérie, on découvre ainsi deux autres « villes dans la ville »: Hamtramck, anciennement occupée par les Polonais, aujourd'hui plutôt par les Yéménites et les Bangladais, et Highland Park, à la population majoritairement afro-américaine.

On conseille de commencer au niveau du Dequindre Cut, une ancienne voie ferrée transformée en promenade, qui offre un très beau panorama industriel.

Les habitants adorent y faire du vélo, du roller, du skate ou s'y promener en famille pour profiter des activités saisonnières et admirer les peintures murales.

© MBAD AFRICAN BEAD MUSEUM

© MBAD AFRICAN BEAD MUSEUM

#16

UN MUSÉE QUI RAPPELLE LA FORCE **DES TRADITIONS AFRICAINES**

Pendant longtemps, Détroit a été la ville du Do It Yourself et de l'art brut : les artistes créaient souvent avec des matériaux trouvés dans la rue et dans les lieux abandonnés.

Le projet que tout le monde venait voir était le Heidelberg Project (tout un quartier transformé en installations artistiques, imaginé par l'artiste Tyree Guyton avec les habitants des environs).

Dans les années 2000, Olayami Dabls, un artiste afro-américain, est ainsi arrivé à l'angle de Grand River et West Grand Boulevard, avec la vision de créer un espace consacré à sa communauté, renouant avec la richesse de son héritage africain, loin du colonialisme européen.

MBAD AFRICAN BEAD MUSEUM
6856 VINEWOOD ST

(313) 898-3007

mbad.org
Instagram : @mbadafricanbeadmuseum

Il crée sur ses terrains des installations artistiques faites de pierre, d'acier, de bois (incarnant la force et la sagesse, les arbres étant perçus comme des êtres dotés de qualités semblables à celles des humains) et de miroirs (vus comme des portails et utilisés par les ancêtres pour repousser les énergies négatives et favoriser la réflexion).

Aujourd'hui, on visite avec un immense plaisir son musée des perles, où des milliers de colliers suspendus rappellent l'importance de ces objets et leur pouvoir de guérison.

Toujours là pour vous accueillir avec le plus grand des sourires, Olayami Dabls saura vous raconter toutes les histoires liées à sa culture.

#17

UNE SESSION DE YOGA ET UN BOUILLON DÉLICIEUX

Ville industrielle aux hivers longs et rudes, encore en transition économique, Détroit peut être intense. Rien de mieux qu'une trêve, même brève, pour se revigorer et prendre soin de soi. Lara Rasmussen, une jeune Allemande ayant passé de nombreuses années à New York, cherchait un cours de yoga de qualité, similaire à ceux auxquels elle avait l'habitude de participer dans la métropole. Puisque rien ne répondait vraiment à ses attentes, elle décida d'ouvrir son propre studio et d'offrir une expérience de yoga et de pilates de luxe.

Le must ultime ? La possibilité de commander un délicieux bouillon (poulet ou bœuf), à savourer à la fin du cours. Rien de mieux, après s'être dépensé, que ce précieux élixir, riche en collagène, minéraux et acides aminés. Il aide à la réparation musculaire, au bien-être des articulations et des os, à la digestion, au système immunitaire, à la qualité du sommeil, ainsi qu'à la beauté de la peau et des cheveux...

HOT BONES
2895 E GRAND BLVD

Instagram : @hotbonesdetroit | hotbonesdetroit.com

HOT
BONES

SCHVITZ

#18

SE FAIRE FOUETTER **AVEC DES FEUILLES DE CHÊNE DANS UN SAUNA**

Sur Oakland Avenue, où règne le calme d'un quartier réhabilité, s'impose un bâtiment gris orné de quelques détails. Peu d'indices, mis à part une signalétique en néon rouge qui indique la porte d'entrée du sauna le Schvitz. À peine le seuil de la porte franchi, un décor très David Lynch avec tapis rouge et sonnette en laiton vous accueille. Pour 40 dollars, vous pouvez passer la journée au sauna. Enfilez un maillot de bain, un peignoir et un bonnet, puis descendez là où se trouvent les deux banyas, sec ou humide.

Le carrelage blanc d'époque et la date « 1930 » inscrite sur le bord de la piscine donnent le ton. Du Purple Gang à un club échangiste, le lieu regorge d'anecdotes en tous genres. Aujourd'hui, toutes les générations se mélangent dans ce lieu devenu iconique.

THE SCHVITZ HEALTH CLUB
8295 OAKLAND AVE

(313) 724-8489

schvitzdetroit.com
Instagram : @theschvitz

Pour profiter d'une expérience encore plus authentique, demandez la session *platza* : pendant 30 minutes, la fille du propriétaire vous fouette avec des feuilles de chêne au dernier étage du sauna, là où il fait le plus chaud, avant de vous diriger dans une piscine glaciale.

Terminez la séance, toujours dans votre peignoir, au restaurant à l'étage qui propose un très bon menu inspiré de la cuisine de d'Europe de l'Est.

Pour ceux qui veulent une expérience plus intimiste, on peut réserver juste à côté leur Airbnb, avec évidemment sauna et bain glacial compris.

SHOWER MAY BE
HOT

1930

#19

S'INITIER À LA MAGICK DANS UN BAR HORS DU COMMUN

Le Black Salt Bar est plus qu'un bar : on peut y tirer quelques cartes de tarot, savourer un cocktail accompagné d'une petite pochette contenant quelques gris-gris, pour vous aider à réaliser vos souhaits (avec les instructions à suivre correspondantes), et, le dimanche, se faire prédire l'avenir par une cartomancienne pour 35 dollars.

Pour Zoey Ashwood, la propriétaire du Black Salt Bar, l'idée d'aller se poser dans un bar signifie en effet aussi prendre du temps pour soi et pratiquer un peu de magick, un terme issu du paganisme qui fait référence à la ritualisation des intentions.

THE BLACK SALT
2764 FLORIAN ST,
HAMTRAMCK, MI 48212

Instagram : @theblacksalt_bar

theblacksaltbar.com

© THE BLACK SALT

Scotty Simpson's
FISH & CHIPS
313-533-0950

#20

LES MEILLEURES **ADRESSES DE POISSON**

> **Scotty Simpson's Fish & Chips :** si Détroit n'est pas vraiment la ville des fruits de mer et du poisson, il existe pourtant trois adresses qui valent le détour.

Dans le ghetto, un *diner* de type cabanon de pêcheur, figé dans le temps, a survécu. Harry Barber travaille chez Scotty Simpson's depuis 1966 et en est aujourd'hui le propriétaire. Il est derrière les fourneaux du mardi au samedi. Rien n'a changé : des poissons en plastique accrochés au mur, la même moquette, les mêmes chaises orange et bois.

Rituellement, la serveuse vous demandera si c'est votre première fois. Si vous répondez « oui », elle s'exclamera : « Très bien, on vous revoit demain alors ! »

Ils le savent, leur *fish and chips* est en effet un régal. Leur secret ? Frire le poisson dans une graisse mi-animale, mi-végétale. Leur *coleslaw* est frais et sans mayonnaise. Le vendredi, les desserts sont faits maison.

SCOTTY SIMPSON'S FISH & CHIPS
22200 FENKELL AVE

(313) 533-0950 | scottysfishandchips.com

> **Sweetest Heart of Mary :** quelques jours pendant le Carême, l'église Sweetest Heart of Mary se transforme en restaurant. Le lieu est très prisé des familles qui viennent profiter d'un grand repas convivial et commander du poisson frit, des crevettes frites ou une délicieuse soupe, souvent une bisque de homard. Profitez-en pour aller voir l'église, à couper le souffle. Comme la plupart des églises à Détroit.

SWEETEST HEART OF MARY CHURCH
4440 RUSSELL ST

(313) 831-6659
motherofdivinemercy.org/sweetest-heart-of-mary

Appelez ou consultez le site internet pour connaître les dates exactes

> **Baobab Fare :** chez Baobab Fare, un restaurant d'Afrique de l'Est, optez pour le *samaki*, un poisson préparé selon la tradition avec riz, banane plantain, maïs froid et haricots mijotés.

BAOBAB FARE
6568 WOODWARD AVE SUITE 100

(313) 265-3093	baobabfare.com Instagram : @baobabfare

© BOOTH ONE CREATIVE

#21

DES JARDINS ÉTONNANTS SUR D'ANCIENNES FRICHES

Dans le quartier tranquille de Poletown se cachent d'étonnants jardins, tous imaginés et créés par ses habitants, qui ont formé une communauté alternative.

Andrew « Birch » Kemp, co-directeur d'Arboretum Detroit, est arrivé ici il y a une vingtaine d'années. Passionné par les arbres, il a jugé essentiel de valoriser les terrains abandonnés, où la nature reprenait peu à peu ses droits, et de remplacer autant que possible le béton environnant par des plantations. Depuis, grâce à son association composée de 14 membres et à des partenariats locaux, il a acquis 40 terrains auprès de la ville, qui ont été métamorphosés pour devenir six parcs publics. Les arbres sont une source d'inspiration et d'éducation, un moyen de dépolluer la ville, de se reconnecter à l'environnement et même de guérir.

ARBORETUM DETROIT NURSERY
3300 E PALMER ST

Instagram : @arbdetroit | arbdetroit.org

Au détour d'une balade entre les maisons, on découvre ces jardins, chacun unique en son genre. Commencez par Circle Forest, un espace dédié à la reconstruction d'un écosystème où les collines ont été aménagées pour canaliser l'eau de pluie vers les arbres et où l'allée en bois vous guide jusqu'au cœur d'une petite forêt : là, un parterre de rondelles de troncs d'arbre a été installé pour le plus grand plaisir des enfants.

Un peu plus loin, Birch met en avant l'importance des prairies qui éliminent le besoin de tondre la pelouse et préservent ainsi l'équilibre écologique. Elles font baisser les températures et permettent de rétablir les nutriments de la terre. Les herbes hautes y créent une atmosphère magique, où les oiseaux viennent se poser.

Poursuivez votre promenade et laissez-vous guider par les arbres et les panneaux directionnels. Comme le dit Birch : « Ici, c'est un lieu pour apprendre à aimer les arbres et les forêts. »

© SISTER PIE

#22

GOÛTER LES *PIES* DE LISA LUDWINSKI

Pleines de beurre, de fruits et de crème, les *pies* de Lisa Ludwinski sont uniques : à la fois généreuses et légères, elles sont préparées avec des produits sourcés localement, grâce à une communauté qu'elle a créée et où l'on prend vraiment soin de son environnement – pas seulement de la planète, mais aussi des employés, associés aux bénéfices.

Inspirée par ce que le Michigan (le deuxième État agricole des États-Unis) a à offrir, la pâtissière aime particulièrement suivre les saisons : par exemple, les cerises en été, les pommes en automne. Mais s'il y a bien une tarte à tester, c'est celle qui est toujours sur le menu : au sel et au sirop d'érable.

SISTER PIE
8066 KERCHEVAL AVE

(313) 447-5550

sisterpie.com
Instagram : @sisterpiedetroit

#23

SAVOURER LA BIÈRE LA PLUS HYPE

Le slogan de Kyle Hunt, le propriétaire du Collect Beer Bar : « Se concentrer sur la simplicité et laisser les gens définir l'espace. » Pari réussi : Collect est devenu, au fil des années, une référence incontournable, d'abord dans son petit espace d'Eastern Market, puis au Little Village, l'adresse la plus tendance du moment.

Installé dans un bâtiment en briques blanches, perforé de pavés en verre circulaires, le décor allie minimalisme et design contemporain.

COLLECT BEER BAR
9301 KERCHEVAL AVE

Instagram : @collect.beerbar

collect-beerbar.com

La sélection de bières, renouvelée chaque semaine et choisie aux quatre coins du monde, attire aussi bien les habitués que les familles.

En été, les enfants s'amusent sur les bancs en béton rose installés à l'extérieur, tandis que les parents profitent de l'atmosphère unique de cet endroit.

Deux événements à ne pas manquer : l'émission *Survivor*, diffusée chaque mercredi, toujours très populaire aux États-Unis, et les matchs de la ligue de Gaelic football. Ce programme est généralement difficile d'accès aux États-Unis, ce qui motive les gens, même du nord du Michigan, à venir passer l'après-midi à Collect.

AQUARIUM

#24

DÉCOUVRIR LES SECRETS DE BELLE ISLE

Vous pourrez passer une après-midi entière à découvrir les secrets de l'unique île de Détroit, Belle Isle, et voir le Canada juste de l'autre côté du détroit. Imaginez, pendant la Prohibition, lorsque les *bootleggers* s'en allaient à moto sur le lac gelé pour aller chercher des bouteilles d'alcool au Canada et les ramener dans les speakeasies de la Motor City...

> **L'aquarium**

Datant de 1904, c'est l'aquarium le plus ancien des États-Unis et probablement l'un des plus beaux. Le bâtiment en briques, de style Beaux-Arts, a été imaginé par les célèbres architectes Albert Kahn et George D. Mason.

L'intérieur est encore plus impressionnant : le plafond voûté, recouvert de carreaux d'opaline verts, crée l'illusion d'être sous l'eau, plongeant les visiteurs dans une atmosphère aquatique unique.

Aujourd'hui, cet établissement abrite la plus belle collection de poissons à poumons jamais exposée, ainsi que la seule collection connue des sept espèces de brochets d'Amérique du Nord.

BELLE ISLE AQUARIUM
3 INSELRUHE AVE

(313) 331-7760

belleisleconservancy.org/bia
Instagram : @belleisleaquarium

© BRANDON PARSONS

> La serre du Anna Scripps Whitcomb Conservatory

Sous ce vaste dôme en verre, des centaines de plantes s'épanouissent. Cette structure, autre chef-d'œuvre signé Albert Kahn, s'inspire de la maison Monticello de Thomas Jefferson en Virginie.

Les visiteurs peuvent y découvrir une impressionnante collection d'orchidées, offerte en 1955 par Anna Scripps Whitcomb, héritière du fondateur du *Detroit News*, James E. Scripps.

La serre se divise en cinq sections : la maison des palmiers, la maison tropicale, la maison des cactus, un jardin de fougères, ainsi que le hall principal.

ANNA SCRIPPS WHITCOMB CONSERVATORY
4 INSELRUHE AVE

(313) 821-9844

belleisleconservancy.org/anna-scripps-whitcomb-conservatory
Instagram : @belleisleconservancy

SIT DETROIT - CHARLES FALSETTI

> **La balade vers Hipster beach**

En été, tous les jeunes aiment se rendre à Hipster Beach, la plage cachée de l'île, pour se baigner dans le détroit. La balade commence au niveau du Blue Heron Lagoon Trail et continue vers le phare (le William Livingstone Memorial Lighthouse) avant de bifurquer à gauche vers différents points d'eau où vous pourrez vous relaxer. Les herbes hautes vous font oublier la vie citadine. En toutes saisons, la balade vaut vraiment le détour.

> **Le parc de Piet Oudolf**

En 2016, un club de jardinage de Détroit envoie une lettre d'admiration à la star des jardins, le Néerlandais Piet Oudolf, pionnier du mouvement des plantes vivaces, pour le convaincre de venir concevoir un parc à Détroit.

Après avoir participé à l'aménagement paysager de la High Line à New York et du Lurie Garden à Chicago, il accepte de visiter la Motor City, dont il tombe rapidement amoureux.

Il visite plusieurs sites et choisit finalement Belle Isle. C'est la première fois qu'un projet est entièrement imaginé par le paysagiste lui-même et réalisé uniquement par des bénévoles, qui ont levé des fonds pendant plusieurs années. Une grande fierté pour les habitants de Détroit !

Comme dans toutes ses compositions, Piet Oudolf joue avec les couleurs, les textures et les hauteurs, offrant un spectacle permanent, peu importe la saison. Après un travail acharné des bénévoles, le parc invite désormais à découvrir une prairie, un jardin de pluie et, au cœur, un agencement harmonieux de fleurs et d'allées.

OUDOLF GARDEN DETROIT
LOITER WAY &, PICNIC WAY

(313) 474-4700

oudolfgardendetroit.org
Instagram : @oudolfgardendetroit

#25

DÉJEUNER, MÉDITATION ET YOGA DANS UN TEMPLE HARE KRISHNA

Installé dans le magnifique Fisher Manor, le temple Hare Krishna mérite clairement une visite. Il a été acheté en 1975 par Alfred Brush Ford, arrière-petit-fils de Henry Ford, et Elizabeth Reuther Dickmeyer, fille du président de l'UAW Walter Reuther. Eux-mêmes dévots de Krishna, ils le donnèrent tout simplement aux adeptes de Krishna.

La maison, dans laquelle on peut déambuler librement, possède 50 pièces et mélange les styles mauresque, espagnol et de la Renaissance italienne. L'intérieur du manoir est orné de colonnes en marbre, de moulures en or et argent, de panneaux en noyer noir, de murs peints à la main et recouverts de cuir, ainsi que de parquets en bois de rose.

ISKCON DETROIT (INTERNATIONAL SOCIETY FOR KRISHNA CONSCIOUSNESS)
383 LENOX ST

Yoga le dimanche de 16 h à 17 h, suivi d'un dîner gratuit

(313) 331-6740
iskcondetroit.com

À l'heure de la prière qui dure environ une demi-heure, le mot « Hare Krishna » est prononcé 108 fois, et ce 16 fois par jour (consulter le site pour les horaires) : cette forme de méditation aiderait à clarifier notre conscience et à fixer l'esprit sur la relation avec Krishna.

À midi, un déjeuner indien végétarien et gratuit est offert au sous-sol. Simple mais délicieux.

Le dimanche à partir de 16 h 15, on partage aussi un repas avec tout le monde dans la salle principale (le « Sunday Feast ») et on peut même faire du yoga de 17 h à 18 h.

© HARSHANTI

CORIANDER KITCH
AND FARM

CORIANDER KITCHEN
AND FARM

#26

SAVEURS SURPRENANTES **AU BORD DE L'EAU**

Qui aurait imaginé que l'Est de Détroit abritait des canaux ? C'est dans le charmant et paisible quartier de Jefferson Chalmers, au bord de l'eau, que **Coriander Kitchen** a choisi de s'installer pour offrir à ses visiteurs une expérience aussi inattendue qu'envoûtante.

En été, on s'installe dans le jardin en plein air, les yeux plongés dans le canal, pour grignoter un morceau ou savourer un verre au soleil. En hiver, l'ambiance devient féerique : lové au cœur de la verrière, on profite d'un repas réconfortant pendant que la neige tombe doucement tout autour.

Les plats, concoctés par la cheffe et propriétaire Gwen Meyer, sont préparés à partir des légumes de sa propre ferme ou en partenariat avec des commerces locaux comme la boucherie Marrow. Résultat : une cuisine sincère, locale, savoureuse.

Et pour prolonger le plaisir, direction **Detroit River Sports**, juste à côté, pour louer un kayak et partir à la découverte du détroit. Une manière unique et paisible de voir la ville autrement, au fil de l'eau.

CORIANDER KITCHEN AND FARM
14601 RIVERSIDE BLVD

(313) 338-9466
corianderkitchenandfarm.com

DETROIT RIVER SPORTS
14601 RIVERSIDE BLVD, DETROIT, MI 48215

(313) 908-0484
detroitriversports.com
Instagram : @detroitriversports

#27

DU FEATHER BOWLING AVEC DES BELGES

Le Feather Bowling au Cadieux Cafe, c'est un peu la même ambiance que la pétanque, avec des règles similaires, mais ici on tire avec ce qui ressemble à une meule en bois et dans une voie courbée.

Le jeudi, de 19 h jusqu'à parfois minuit, les hommes de la très sérieuse ligue du Feather Bowling sont là, bière à la main, pour faire la fête comme en Belgique. Même histoire le mercredi, mais pour les femmes. Bien que le but soit de gagner à la fin de la saison pour avoir son portrait tiré par Jeremy et avoir l'immense honneur d'être exposé au mur, ici, le plus important, c'est la camaraderie.

Le lieu est un refuge pour la communauté belge, la sélection de bières est soignée, et les moules ou le ragoût de lapin sont des spécialités. Laissez-vous prendre au jeu, et peut-être qu'ils réussiront à vous convaincre de devenir membre de la ligue !

CADIEUX CAFE
4300 CADIEUX RD

(313) 882-8560
cadieuxcafe.com
Instagram : @cadieuxcafe

De septembre à avril, les pistes sont réservées à la compétition les mardis, mercredis et jeudis soir ; les autres soirs, les pistes peuvent être louées par le public (réservation recommandée)
35 $/h par piste les lundis et mardis, 55 $ du mercredi au dimanche

THE CADIEUX BOWLING CLUB
DETROIT
1 2 3 4 5 6 7 8 9 10

PHOTOS © JARRED GUILD

#28

VOYAGE DANS **L'ALLEMAGNE DES ANNÉES 1930**

Pour un voyage dans le temps, c'est au Dakota Inn qu'il faut entrer.

Ici, rien n'a changé depuis 1933, lorsque Karl Kurz, qui travaille à l'usine Ford, décide de racheter une ancienne laverie automatique chinoise pour ouvrir son propre *rathskeller* (« le sous-sol d'un hôtel de ville », un lieu traditionnel en Allemagne où le public peut profiter de rafraîchissements à la fin de la journée).

Si l'établissement commence avec juste quelques bières et sandwiches pour les cols bleus qui travaillent dans les usines aux alentours, le petit-fils, également nommé Karl et actuel propriétaire, prend le relais en 1986 et se focalise sur les traditions allemandes. Au menu, *Bratwurst bavaroise, Schnitzel, Hähnchenfleisch, Knackwurst*... servis par des femmes en habit traditionnel.

DAKOTA INN
17324 JOHN R. ST

(313) 867-9722 | dakota-inn.com

HOFBRÄU
HOFBRÄU

C'est pour cette atmosphère authentique que tout le monde se hâte au restaurant, encore aujourd'hui, du jeudi au samedi.

Réservations vivement recommandées, surtout entre 18 heures et 22 heures, lorsque la chanteuse se met au piano pour mettre l'ambiance dansle lieu avec tout le monde qui chante en chœur.

Deux événements sont à ne pas manquer : le *Fasching*, l'équivalent de Mardi Gras mais qui a lieu tous les samedis du mois de février, et bien évidemment, l'*Oktoberfest*.

#29

LES DONUTS
LES PLUS ICONIQUES

À la lisière de la ville, sur Woodward Avenue, la grande et mythique artère de Détroit, se trouve un des commerces les plus emblématiques de la ville : Dutch Girl's Donuts.

Les néons rose et bleu et le petit dessin d'une fille néerlandaise en robe, bonnet et sabots traditionnels sur l'auvent bleu donnent le ton. Ici, tout est resté dans son jus depuis 1947, année où la famille Timmer ouvre la petite boutique et où Cecelia passe 14 heures par jour à gérer l'entreprise.

DUTCH GIRL DONUTS
19000 WOODWARD AVE

(313) 826-6005

dutchgirldetroit.com
Instagram : @dutchgirldetroit

Dutch Girl
DONUTS
19000
So Delicious!
Dutch Girl Donuts
19000
Woodward
EST.1947
OPEN 24 HOURS
6:00 AM TUESDAY
TO
6:00 PM SUNDAY
CLOSED MONDAY

Aujourd'hui, l'entreprise a changé de propriétaire, mais tout est resté intact, à l'exception de quelques machines qui ont dû être rénovées ou remplacées.

Derrière les grandes baies vitrées pare-balles (!), une petite équipe s'affaire jour et nuit : les donuts sont disponibles 24h/24, du mardi matin à 6 h jusqu'au dimanche soir à 18 h, à moins que tout ne soit déjà écoulé...

© JAMES HAEFNER PHOTOGRAPHY

© PD REARICK

#30

DES MOMENTS **FABULEUX… EN BANLIEUE**

Détroit est composée de nombreuses banlieues, très différentes les unes des autres, et il est amusant d'y trouver des adresses incontournables. Voici nos cinq recommandations.

> **Cranbrook**, l'école des grands noms de l'architecture moderne : à Bloomfield Hills, la banlieue très cossue de Détroit où se cachent d'étonnants manoirs, se trouve l'école de Cranbrook Academy of Arts, une école de design réputée à l'architecture victorienne. Alors qu'en Europe, au lendemain de la Grande Guerre, le Bauhaus bat son plein et impose la fonctionnalité et une rigueur de la forme, dans le Michigan, c'est un certain modernisme qui se développe avec l'artisanat comme inspiration majeure.

Dès les années 1930, les plus grands noms viennent y étudier et travailler, comme Charles et Ray Eames, Harry Bertoia, Florence Knoll et la famille Saarinen. Ce courant marquera grandement l'esthétisme américain. Aujourd'hui, on vient ici pour voir le musée et pour visiter les jardins cachés dans le grand parc.

CRANBROOK ACADEMY OF ART
39221 WOODWARD AVE,
BLOOMFIELD HILLS, MI 48304

(248) 645-3323

cranbrookart.edu
Instagram : @cranbrook_arts

PHOTOS © THE ROYAL EAGLE

> **The Royal Eagle**, un authentique (et vraiment unique) dîner russe : personne n'imaginerait un monastère orthodoxe perdu à la lisière de Détroit. Et pourtant... dans les années 2000, l'archimandrite Pachomy Belkoff dispose de trois ans pour trouver un terrain où construire une église orthodoxe. À l'époque, Détroit est en déclin complet, les terrains sont vides et les opportunités sont infinies. Il rencontre alors un couple polonais à Harper Woods qui s'apprête à vendre sa maison. Il saisit l'occasion. C'est le début d'une longue aventure.

Au fil des années, il achète les dix terrains alentour et même le garage voisin, tenu par un gang, qui deviendra plus tard le restaurant The Royal Eagle, dirigé par le chef Petr Balcarovsky.

Le concept est simple : un dîner par mois et deux Tea Times par semaine. L'argent collecté est réinvesti dans la construction du lieu, toujours en progression.

N'oubliez pas de réserver sur leur site et de vous mettre sur votre 31. L'expérience se veut à la fois élitiste, unique, mais aussi très chaleureuse. Dans un décor russe, vous pourrez déguster des plats traditionnels qui ont marqué l'histoire européenne, comme le bœuf Stroganoff, le bortsch ou le bœuf Wellington...

THE ROYAL EAGLE
18725 OLD HOMESTEAD DR,
HARPER WOODS, MI 48225

(313) 521-1894

theroyaleagle.net
Instagram : @the_czech_mate_detroit

> **Sharaku,** une expérience « comme à la maison » : 95 % des expatriés japonais travaillent à Détroit dans l'industrie automobile et aiment se retrouver chez Sharaku pour une expérience qui leur est familière. Il suffit de demander aux clients, et ils vous assureront que l'expérience est « comme à la maison » ! Le chef Suzuki et le manager Ken s'assurent qu'ici, les traditions sont respectées. Derrière le comptoir, le chef, avec son petit air malicieux, amuse la galerie. Il aime montrer sa collection de figurines de Godzilla que ses clients lui ont apportées au fil des années et, s'il ne parle presque pas un mot d'anglais, il maîtrise l'art du sushi à la perfection.

L'homme a appris son métier dans sa ville natale, Niigata, au nord du Japon. Comme le veut la tradition, il n'a pas touché à la chair du poisson avant sa sixième année d'apprentissage. Et, comme Ken vous le dira : « Vous reconnaîtrez un vrai restaurant japonais si l'on vous sert la soupe miso après le plat de sushi. »

SHARAKU
6159 HAGGERTY RD,
WEST BLOOMFIELD TOWNSHIP, MI 48322

(248) 960-1888

sharakuhanzo.com
Instagram : @sharakudetroit

Ask The
BRAIN

ALEXANDER
THE

weighs
645
lbs

H·B·WARNER
"THE MARKET OF
VAIN DESIRE"
FOOD
PRESENTS
HUMPTY
DUMPTY
SLUSHIE S
BOUNCIN' BLU RAZ
CHERRY CHERRY
GREAT GRAPE
OUTRAGEOUS ORANGE
PERFECT PUNCH
STRAWBERRY BREEZE

> **Marvin's Marvelous Mechanical Museum,** un lieu vraiment improbable : Détroit regorge d'endroits étonnants, mais celui-ci est sûrement le plus singulier.

Au milieu d'un centre commercial se cache un jeu d'arcade totalement décalé. Dans les années 1960, Marvin Yagoda, un pharmacien, commence à collectionner des machines à jouer venues du monde entier, toutes plus fantaisistes les unes que les autres. Des personnages en bois et en papier mâché qui jouent des tours de magie, prédisent l'avenir, vous mettent à l'épreuve…

Un jour, il décide d'ouvrir un lieu pour partager sa passion. Aujourd'hui, le musée continue d'attirer petits et grands qui viennent s'amuser, collecter des tickets pour espérer gagner le gros lot ou, tout simplement, quelques friandises. Les machines vintage se mêlent aux jeux dernier cri. Il y en a dans tous les coins et pour tous les goûts.

MARVIN'S MARVELOUS MECHANICAL MUSEUM
6427 ORCHARD LAKE ROAD,
WEST BLOOMFIELD TOWNSHIP, MI 48322

(248) 626-5020 | marvin3m.com

> **Mabel Gray,** un resto à ne pas rater : depuis dix ans, de nouveaux restaurants tendance ouvrent chaque année, mais rares sont ceux qui se distinguent vraiment. Parmi eux, Selden Standard, bien sûr, mais surtout Mabel Gray à Hazel Park, du chef James Rigato.

Pour lui, il était essentiel de s'installer dans cette petite ville de banlieue au passé ouvrier, où les *dive bars* ont pignon sur rue.

Selon James, la cuisine américaine est comme un territoire sans racines, tant le pays est jeune. C'est pourquoi, chaque année, il parcourt cinq pays différents pour se ressourcer et rester inspiré. Et cela se ressent dans ses plats ! Les influences texanes, japonaises et françaises se mélangent très bien, créant des saveurs explosives, toujours parfaitement équilibrées.

Son véritable coup de cœur ? Le champagne : il se rend chaque année en France pour découvrir de nouveaux vignobles, et sur la carte, une sélection de deux pages est dédiée uniquement au champagne, avec des bouteilles allant jusqu'à 650 dollars.

Le restaurant est particulièrement réputé pour son menu surprise de 8 plats à 89 $. En août, le menu devient vegan, lorsque les fermes sont en pleine effervescence.

MABEL GRAY
23825 JOHN R RD,
HAZEL PARK, MI 48030

(248) 398-4300

mabelgraykitchen.com
Instagram : @mabelgraykitchen

1

© CHARLES FALSETTI

2

© MATT CHUDIS

Dally in the Alley (1) : en septembre, le premier samedi après la fête du Travail (Labor Day), au cœur de Midtown, a lieu depuis 1977 une fête de quartier qui célèbre l'art, la culture, la gastronomie et la musique locale. L'événement est entièrement géré par des bénévoles, sans aucun sponsor commercial.

St. Patrick's Day : le 17 mars, dans le quartier irlandais de Corktown, une fête commémore la mort de Patrick, le saint patron de l'Irlande. Tout le monde en profite pour se rendre au bar et profiter d'une bonne bière.

La Marche du Nain Rouge : le dimanche suivant l'équinoxe de printemps. Selon la légende, Cadillac, fondateur de Détroit, fut averti qu'il devrait flatter une créature malveillante pour éviter quelconque malheur. Malheureusement, il frappa le Nain Rouge au lieu de lui témoigner du respect et déclencha sa propre chute. Chaque année, les habitants marchent pour chasser ce mauvais esprit de la ville.

Movement Festival (2) : pendant le week-end de Memorial Day (fin mai), ce grand festival de techno et d'électro attire des milliers de personnes venues du monde entier pour danser pendant trois jours, avec, au programme, de nombreuses after-parties dans toute la ville.

3

4

Hamtramck Labor Day Festival : durant le week-end de la fête du Travail (Labor Day), se tient un festival dans l'enclave de Détroit, Hamtramck, le quartier polonais, avec concerts, stands de nourriture, courses de bateaux et combats de lutte.

Cinco de Mayo (à Southwest) (3) : dans le quartier mexicain, Cinco de Mayo commémore la victoire du 5 mai 1862 du général Ignacio Zaragoza sur les troupes conservatrices mexicaines et l'armée française lors de la bataille de Puebla.

Detroit Jazz Festival : dans le centre-ville (Downtown), à la fin du mois d'août, pendant tout un week-end, les amateurs de jazz peuvent profiter gratuitement de nombreux concerts de très grande qualité.

Tec-Troit : un festival gratuit de musique électronique organisé chaque année en août. Entièrement géré par des bénévoles, il met en valeur, au Container Globe, les artistes locaux de techno et de house.

The Dream Cruise (4) : sur Woodward Avenue, l'artère principale de la ville, le troisième samedi du mois d'août, les plus belles voitures de collection défilent pendant plusieurs jours pour honorer la Motor City.

MERCI

À mes ancêtres polonais, les Chronowski, arrivés à Détroit à la fin du XIXe siècle, et qui restent ancrés dans ma mémoire à travers cette aventure américaine.

À mes amis de Core City (Chelsea, Dave, Milo, Arad, Elana, Philip, Roni, Randy, Seamus, Morgan, Shuffy, Sylvester, Victor, Darwin, Chano, Lady Worthy, William), le quartier qui m'a accueillie, qui m'a offert la possibilité de construire ma maison et qui nous permet de redonner vie à Détroit à travers tous nos beaux projets.

À Haley, Ryan et Patrick, pour toutes nos aventures... à vélo, au bord de la rivière, au club, au restaurant, en voiture...

À Thomas, qui a accepté de publier un livre sur Détroit, une ville trop méconnue et pourtant si unique.

À mon père, pour m'avoir transmis le goût de l'écriture depuis mon enfance.

À ma mère, pour m'avoir donné le goût de l'aventure et pour avoir partagé avec moi ses souvenirs d'enfance à Détroit.

À Margot et Fantine, mes amies françaises, qui me soutiennent dans tout ce que je fais, m'encouragent et croient en moi depuis toujours.

À Sergio.

À Détroit.

Ce livre a été réalisé par :
Margot Guicheteau, autrice
Emmanuelle Willard Toulemonde, mise en page
Alix Jelstrup, relecture
Mado De La Quintinie, édition

Photo de couverture : © Adobe Stock - Sean Pavone
4e de couverture et carte de Détroit : © H. Miller Ink

Écrivez-nous à l'adresse infos@editionsjonglez.com
Suivez-nous sur Instagram à @editionsjonglez

MERCI

Également disponibles aux Éditions Jonglez

Atlas

Atlas des climats extrêmes
Atlas des curiosités géographiques
Atlas des lieux abandonnés
Atlas des vins insolites

Atlas Secrets

New York - L'Atlas Secret
Paris - L'Atlas Secret
Venise - L'Atlas Secret

Beaux-livres

Allemagne abandonnée
Baïkonour - Vestiges du programme spatial soviétique
Belgique abandonnée
Bibliothèques insolites
Champignons - Alimentation, médecine, psychédéliques
Cinémas abandonnés aux USA
Cinémas - Un patrimoine françois
Clickbait - Voyage au pays de l'intelligence artificielle
Destination bien-être - Nos 35 meilleures adresses dans le monde pour faire une pause
Églises abandonnées - Lieux de culte en déshérence
Espagne abandonnée
Esprit Récup' - Idées de déco insolites
Forbidden Places - Explorations insolites d'un patrimoine oublié (Vol. 1)
Forbidden Places - Explorations insolites d'un patrimoine oublié (Vol.2)
Forbidden Places - Explorations insolites d'un patrimoine oublié (Vol.3)
France abandonnée
France oubliée
Hôtels insolites
Hôtels insolites - Europe
Hôtels insolites - France
Hôtels insolites - Monde
Hôtels insolites - Royaume-Uni
Îles privées à louer
Italie abandonnée
Le crépuscule des cinémas
Liban abandonné
Patrimoine abandonné
Sites sacrés secrets
Urbex - Exploration d'un monde abandonné par l'intelligence artificielle
URSS abandonnée
USA abandonnés
Venise déserte
Venise vue d'en haut

Collection L'Autre Guide / Soul of

Barcelone - 30 expériences
Berlin - 30 expériences
Bruxelles - L'Autre Guide
Kyoto - 30 expériences
Lisbonne - L'Autre Guide
Marseille - L'Autre Guide
Milan - L'Autre Guide
Paris - L'Autre Guide
Soul of Amsterdam
Soul of Athènes
Soul of Los Angeles
Soul of Marrakech
Soul of New York
Soul of Rome
Soul of Venise
Tokyo - L'Autre Guide

Guides insolites et secrets

Aix insolite et secrète
Amsterdam insolite et secrète
Avignon insolite et secrète
Bali insolite et secrète
Bangkok insolite et secrète
Barcelone insolite et secrète
Bassin d'Arcachon méconnu
Berlin insolite et secret
Berry insolite et secret
Bordeaux insolite et méconnu
Bretagne Nord insolite et secrète
Bruxelles insolite et secrète
Budapest insolite et secrète
Buenos Aires insolite et secrète
Campanie insolite et secrète
Charentes insolites et secrètes
Copenhague insolite et secrète
Corse insolite et secrète
Côte d'Azur insolite et secrète
Dolomites insolites et secrètes
Dublin insolite et secrète
Édimbourg insolite et secrète
Florence insolite et secrète
Genève insolite et secrète
Grand Paris insolite et secret
Grenade insolite et secrète
Istanbul insolite et secrète
La Nouvelle-Orléans insolite et secrète
Le Cap insolite et secrète
Lille méconnu
Limousin insolite et secret
Lisbonne insolite et secrète
Londres Bars et restos secrets
Londres insolite et secrète
Louisiane insolite et secrète
Los Angeles insolite et secrète
Lyon insolite et méconnu
Madrid insolite et secrète
Marseille insolite et secrète
Mexico City insolite et secrète
Milan insolite et secrète
Montréal insolite et secrète
Naples insolite et secrète
New York insolite et secrète
Normandie insolite et secrète
Paris méconnu
Pays basque insolite et secret
Potsdam insolite et secret
Prague insolite et secrète
Provence insolite et secrète
Rio insolite et secrète
Rome insolite et secrète
Séville insolite et secrète
Singapour insolite et secrète
Tokyo insolite et secrète
Toscane insolite et secrète
Turin insolite et secrète
Venise insolite et secrète
Vienne insolite et secrète
Washington D.C. insolite et secrète

Dépôt légal : juillet 2025 - Édition : 01
ISBN : 978-2-36195-928-9
Imprimé en Bulgarie par Dedrax